Vanessa Kibbieß

Kreative Herbstliebe

Inhalt

Meine Herbstliebe

Willkommen zur gemütlichsten Zeit des Jahres!

Mein Name ist Vanessa, und vielleicht kennst du mich ja bereits über meinen Account auf Instagram, auf dem ich unter dem Namen @beahyggespreder meine Liebe zur Herbstzeit jedes Jahr aufs Neue groß zelebriere.

Mein Interesse für Dekoration und Wohnungseinrichtung wurde in mir geweckt, als ich mitten in meiner Studienzeit in meine erste eigene Wohnung zog. Zu lernen, auf eigenen Beinen zu stehen, bedeutete auch, mit dem eigenen Geld haushalten zu müssen. Also wurden die Möbel nach und nach ergänzt, und ich lernte, kreativ sein zu müssen.

Dies war der Beginn meiner Liebe zu DIY-Projekten. Statt teure Deko zu kaufen, entschied ich mich oft dafür, meine eigene Deko kostengünstiger herzustellen, und auch heute noch stehen hier in meiner neuen Wohnung, die ich seit zwei Jahren mit meinem Freund Yves teile, etliche DIYs.

Schon als Kind war ich immer etwas ruhiger und konnte mich gut allein beschäftigen. Ich war viel und gern draußen in der Natur und habe mir dabei keine Gedanken um das Wetter gemacht. Regen und Wind waren nie ein Hindernis, einen Nachmittag im Freien verbringen zu können. Und irgendwie scheint mich das geprägt zu haben. Denn in der Natur zu sein, bedeutet für mich auch heute noch, Raum und Zeit für einen Moment vergessen zu können.

Und weißt du, was mich nach jedem Spaziergang im Herbst besonders freut? Die Rückkehr in das warme Zuhause, wo das Kerzenlicht flackert und im Backofen der Apfelkuchen backt, während es vor der Haustüre stürmt und die ersten Herbstblätter von den Bäumen fallen.

Meine Herbstliebe möchte ich dir in diesem Buch näherbringen. Mache es dir also in den nächsten Wochen gemütlich und lasse dich vom Zauber des Herbstes einfangen! Mit diesem Buch hast du einen Begleiter an der Hand, der dich mit kreativen DIY-Ideen, wärmenden Rezepten und leuchtenden Dekorationen durch den Herbst begleiten wird.

Viel Freude beim Lesen!

deine Vanni

Innehalten und einfach mal durchatmen!

Wohlfühlmonat Herbst

Wenn der Regen an das Fenster prasselt, dann ist die Zeit für weiche Kuscheldecken, für heiße Schokolade und für sanftes Kerzenlicht gekommen!

In meinen Augen sind die Herbstmonate die facettenreichsten und schönsten zugleich. Sie können dunkel und stürmisch sein, aber genauso sonnig und golden. Der Herbst ist mehr als nur der Abschied vom Sommer. Wir konzentrieren uns wieder auf kleinere und größere Projekte daheim, probieren neue Rezepte aus oder dekorieren die Wohnung um.

Wir verbringen mehr Zeit mit unserem Lieblingsbuch oder machen es uns abends lieber auf der Couch gemütlich, als draußen unterwegs zu sein. Und doch gibt es so viel vor der Tür zu erleben und zu entdecken, wenn sich die Blätter verfärben und die ersten Kastanien auf den Gehwegen liegen. Ich möchte dir zeigen, was der Herbst zu bieten hat und wie du sowohl seine sonnigen Tage als auch seine stürmischen schön gestalten kannst.

Auch unser Zuhause steht im Zeichen der Herbstliebe und wird von mir jedes Jahr liebevoll saisonal dekoriert. Meine luftig-leichten Sommerdecken werden gegen grobe Strickdecken ausgetauscht. Und bei der Dekoration orientiere mich an den einzelnen Monaten und beginne mit der Spätsommer-Deko. Dazu gehören für mich an erster Stelle Sonnenblumen. Sie werden dann im Verlauf des Herbstes von Trockenblumen und Kürbissen abgelöst.

Auch die Herbstküche ist anders, denn während der Herbstzeit sehne ich mich nach Rezepten, die von innen her Leib und Seele wärmen und mir ein Gefühl von Geborgenheit und Entschleunigung verschaffen. Deswegen wird der Backofen von mir in den in den letzten Monaten des Jahres besonders häufig genutzt. Äpfel sind zudem wie Kürbisse ein gern gesehener Gast in meiner Herbstküche, und ich kann dir schon versprechen, dass Kürbis definitiv auch als süße Speise himmlisch schmeckt!

Die Natürlichkeit der Farben spiegelt sich auch in meiner Raumdekoration wider. Ich verwende liebend gern Materialien aus der Natur, Kerzen und alles aus Holz. Somit erschaffe ich automatisch eine ruhige und gemütliche Stimmung, die sich übrigens genauso im Freien bei einem Herbstpicknick wunderbar umsetzen lässt!

Was mich schon immer an der Herbstzeit fasziniert hat, sind die wundervollen Farben und wie sie sich mit der Zeit verändern. Die Natur ist ein wahrer Meister der Farbgebung!

Ich versuche, die natürlichen Farben auch in meine Wohnung zu integrieren. Meine Deko besteht daher überwiegend aus den Farben Braun, Orange, Senfgelb. Die Farben werden ab und an durch ein dunkles Grün oder Rot durchbrochen.

Herbst-Bucket-List

Wenn du dieses Buch in deinen Händen hältst, ist das der Startschuss für eine gemütliche Herbstzeit voller Hygge-Momente. Doch zuweilen raubt einem der Alltag die Zeit, um zu Hause kreativ zu werden oder endlich mal wieder einen Kuchen zu backen. Genau hierfür gibt es meine Herbst-Bucket-List! Sie soll dich über die nächsten Monate begleiten und dich daran erinnern, wie zauberhaft der Herbst sein kann, wenn wir uns nur Zeit dafür nehmen.

Die folgenden Punkte leiten dich Seite für Seite durch dieses Buch, sodass du am Ende hoffentlich all diese Punkte abhaken kannst und einen wundervollen Herbst erleben konntest.

Mach dich auf kreative DIYs, wärmende Rezepte und die eine oder andere Aktivität im Freien gefasst und lasse den Herbst in dein Zuhause einziehen!

- Pumpkin Spice herstellen.
- Herbst-Playlist hören.
- Den ersten Pumpkin Spice Latte trinken.
- Das Zuhause gemütlich dekorieren.
- Ein DIY-Projekt umsetzen.
- Ein kuscheliges Picknick veranstalten.
- Warmen Apple Cider trinken.
- Einen achtsamen Waldspaziergang unternehmen.
- Natürliche Materialien zum Basteln sammeln.
- Einen Regentag ganz bewusst wahrnehmen und erleben.
- Einen Wellness-Tag zu Hause einlegen.
- Einen gemütlichen Filmabend mit Popcorn verbringen.
- Einen Apfelkuchen backen.
- Sich mit einer heißen Schokolade aufwärmen.
- Zimtschnecken für die Familie backen.
- Freunde zum Herbst-Dinner einladen.

PUMPKIN
SPICE

Einstimmen auf den Herbst

THIS BUCKET
DOES NOT
SMEG

Grundrezept Pumpkin Spice

Aus der Herbstzeit ist das Pumpkin Spice als Gewürz für mich nicht mehr wegzudenken. Es besteht aus einer Mischung verschiedener wärmender Gewürze und ergibt einen wundervollen Herbstgeschmack, wobei dieser nicht unbedingt herzhaft sein muss. Das Pumpkin Spice passt zwar herrlich zu Rezepten mit Kürbissen, es ist jedoch auch oft ein Bestandteil von süßen Gebäcken und der beliebten Pumpkin Spice Latte.

Dieses Gewürz ist ein daher ein wahrer Herbst-Allrounder und als Zutat bei einigen Rezepten aufgelistet. Natürlich kannst du einzelne Komponenten, wie z. B. Zimt oder Kardamom, austauschen und diese Gewürzmischung so deinem Geschmack anpassen.

ZUTATEN

(für ein luftdichtes Glas á 200 ml)

4 TL gemahlener Zimt
1 TL gemahlener Ingwer
1 TL gemahlene Nelken
½ TL gemahlener Kardamom
½ TL gemahlenes Piment
¼ TL geriebene Muskatnuss

AUSSERDEM

1 luftdicht verschließbares Glas

ZUBEREITUNG

Alle Gewürze in einer ausreichend großen Schüssel miteinander vermischen.

Für mehr Schärfe den Ingweranteil erhöhen, für mehr Süße zusätzlich noch etwas gemahlene Vanille hinzufügen.

In ein luftdichtes Gefäß anfüllen.

TIPP

Die fertige Gewürzmischung bewahre ich immer in einem Glas mit Korkverschluss auf, so hält es sich den ganzen Herbst über.

PUMPKIN
SPICE

Grundrezept Kürbispüree

Ähnlich wie das Pumpkin Spice wird auch das Kürbispüree als Zutat in einigen Rezepten in diesem Buch genannt sein. Es lässt sich fertig zubereitet problemlos portionsweise einfrieren. Kürbispüree verleiht vielen Gerichten eine ganz besondere Note. Vor allem die süßen Rezeptideen erhalten durch das Kürbispüree eine wundervolle Farbe und einen kleinen Hauch von Herbst, ohne dabei an Kürbis zu erinnern. Du kannst selbst wählen, welchen Kürbis du verwenden möchtest. Ich empfehle dir die Sorte Hokkaido, da du die Schale ganz einfach mitverwerten kannst und dir so das Schälen ersparst.

ZUTATEN

(für ca. 500 g Kürbispüree)

FÜR DAS PÜREE

1 Hokkaido Kürbis

AUSSERDEM

Pürierstab

ZUBEREITUNG

Backofen auf 200 °C Ober- und Unterhitze oder 180 °C Umluft vorheizen.

Kürbis gründlich waschen und in der Hälfte teilen. Alle Kerne im Inneren entfernen.

Die Kürbishälften nun weiter in ca. 2 cm große Stücke schneiden.

Ein Blech mit Backpapier auslegen und darauf die Kürbiswürfel verteilen. Je nach Größe der Würfel benötigen sie 15–20 Minuten im Backofen, bis das Kürbisfleisch weich ist.

Nach dem Backen alles abkühlen lassen. Die Kürbiswürfel in ein hohes Gefäß geben und fein pürieren. Für ein besonders feines Kürbispüree dieses abschließend durch ein Sieb streichen. Dies empfiehlt sich besonders für Rezepte wie der Pumpkin Spice Latte.

Das Püree gut abkühlen lassen. Im Kühlschrank ist das Püree in einem geschlossenen Behälter etwa 3–5 Tage lang haltbar.

TIPP

Gewürzt wird das Püree absichtlich nicht, damit du es je nach Rezeptur süß oder herzhaft anpassen kannst. Für Kuchen sollte das Püree nicht ganz so fein sein.

Pumpkin Spice Latte

Diese köstliche Latte ist im Herbst für mich DAS Heißgetränk! Sie schmeckt herrlich würzig und süß zugleich, wärmt von innen und schmeckt dabei nicht nach Kürbis. Als ich das erste Mal von diesem Getränk gehört habe, war ich etwas irritiert, doch die Geschmacksprobe hat mich überzeugt. Von September bis November ist dieses Getränk für mich nicht mehr wegzudenken.

ZUTATEN

(für ein hitzebeständiges Glas á 200 ml)

1 EL Kürbispüree (siehe Grundrezept S. 20)
1 Pr. Salz
1 EL Sirup deiner Wahl, z. B. Karamell oder Haselnuss
½ TL Pumpkin Spice (siehe Grundrezept S. 18)
1 Espresso Shot
200 ml Milch (nach Wahl)

FÜR DIE DEKORATION

Evtl. 1 Prise Kurkuma

AUSSERDEM

Evtl. Milchschäumer

ZUBEREITUNG

Kürbispüree, Salz, Sirup und Pumpkin Spice in ein hohes, hitzebeständiges Glas füllen und mit einem Schneebesen miteinander verquirlen.

Anschließend den heißen Espresso Shot hinzufügen und wieder alles miteinander verrühren.

Zum Schluss den Pumpkin Spice Latte mit heißer, gern zuvor aufgeschäumter Milch aufgießen.

Für die Deko kannst du noch zusätzlich etwas Sirup und Kurkuma auf deinen Milchschaum geben.

1 Tsp/5ml

Lieblings-Herbstsongs

Ob beim Backen, beim Spaziergang oder in der Badewanne ... Musik ist für mich ein essenzielles Element, um mich zu entspannen und wohlzufühlen. Im Herbst höre ich an manchen Tagen von morgens bis abends meine Playlists rauf und runter, und ich liebe die Stimmung, die dabei in der Luft mitschwingt. Sie ist gemütlich und warm und bringt mich zur Ruhe. Meine liebsten Songs habe ich nachfolgend aufgelistet.

- Forest Fires – Axel Flóvent
- Autumn Town Leaves – Iron & Wine
- Sweater Weather – The Neighbourhood
- Sweetest Thing – Allman Brown
- Truly Madly Deeply – Yoke Lore
- Someone New – Hozier
- You Be Love (acoustic version) – Avicii feat. Billy Raffoul
- Home to You – Jack Botts
- Fire and the Flood – Vance Joy
- Paint – The Paper Kites
- Storm – Mighty Oaks
- October Skies – Mumford & Sons
- I am not who I was – Chance Peña
- Our Kingdom – Hugo Barriol

Herbstliches Outdoor Dinner

Kennst du diese Herbsttage, an denen die Luft deutlich kühler geworden ist, aber die Sonnenstrahlen noch etwas Wärme geben? Das sind die berühmten goldenen Herbsttage, und ich liebe sie! Sie laden dazu ein, noch Zeit außerhalb der vier Wände zu verbringen. Wie wäre es also mit einem gemütlichen Outdoor Dinner?

Hierfür braucht es auch gar nicht viel: Ich habe einen alten Gartentisch mit einer Tischdecke verschönert und ihn für meinen Partner und mich eingedeckt. Der Tisch stand unter einem Baum im Garten, daher konnte ich noch eine kleine Lichterkette hineinhängen. Ein paar wilde Blumen machen sich wunderbar als Hingucker auf dem Tisch und erinnern noch ein wenig an den Spätsommer. Kerzen bringen gemütliche Stimmung auf den Tisch, wenn es zum Abend anfängt zu dämmern.

Zum Abendessen muss es gar nicht aufwendig sein, denn wir beide lieben einen guten Wein, Käse und frisches Brot. Also habe ich uns auf einem Holzbrett eine kleine Käsevariation zusammengestellt, ein Landbrot aufgeschnitten und dieses mit Butter, Salz und einem samtigen Roten serviert. Für den süßen Hunger danach steht noch eine fruchtige Tarte bereit.

Für ein Outdoor Dinner würde ich alles an Essen empfehlen, das sich leicht nach draußen transportieren lässt und nicht kalt werden kann. So bleibt das Dinner unkompliziert, und die Schönheit des Herbstabends lässt sich entspannt genießen.

Gemütliches
Zuhause

Meine 5 Deko-Tipps

Zur Herbstzeit dekoriere ich meine Wohnung besonders gern, denn ich liebe alles, was Gemütlichkeit bringt und leuchtet. Kerzen, Kissen und kleine Fundstücke aus der Natur nutze ich dabei zum Dekorieren am allerliebsten.

In unserer Küche haben wir eine kleine Fensternische mit einem Fensterbrett. Ich dekoriere es zu jeder Jahreszeit saisonal. Hier stehen im Sommer oft frische Blumen, und im Herbst werden einige Zapfen und Pilze drapiert. Vor einiger Zeit habe ich am Fenster eine kleine Gardinenstange angebracht und passende Vorhänge aufgehängt. Sie geben dem Fenster einen besonderen Charme, und alles wirkt automatisch ein wenig gemütlicher. So verhält es auch mit Holzbrettern, denn diese lassen sich wunderbar als Unterlage fürs Dekorieren verwenden.

DEKO-TIPP 1: ÄSTE AUS DER NATUR

Die Natur gibt uns im Herbst unendlich viele Möglichkeiten für schöne Deko. Bei meinem letzten Spaziergang bin ich fast über einen heruntergefallenen Ast gestolptert. Er trug noch einige Blätter und sah alles in allem perfekt aus, weshalb ich ihn kurzerhand mit nach Hause nahm, dort säuberte und anschließend in eine Vase zum Trocken stellte. Auf unserem Küchentisch hat er so den gesamten Herbst über einen tollen Hingucker abgegeben und dabei nicht einmal unseren Geldbeutel erleichtert.

Wenn du also das nächste Mal unterwegs bist, halte doch einfach die Augen offen für solche Fundstücke, und vielleicht findest du so schon bald deine nächste Herbstdekoration.

DEKO-TIPP 2: LICHTER

Ich kann mich gar nicht mehr daran erinnern, wann Lichthäuser so beliebt geworden sind, aber auch ich konnte ihnen nicht widerstehen. Es gibt sie mittlerweile in vielen Formen und Größen von verschiedenen Herstellern. Meine kommen aus Amsterdam. Ich habe sie mir nach und nach zusammengestellt, und so kam jeden Herbst ein neues Haus dazu. Sie stehen überall verteilt in meiner Wohnung, aber besonders hübsch finde ich sie in unserem Wohnzimmer. In unserem Bücherregal verbreiten sie mit batteriebetriebenen Teelichtern einen ganz besonderen Zauber. Für mich sind diese Häuser ein wahres Must-have für den Herbst!

DEKO-TIPP 3: HÄNGENDE LATERNEN

Neben den Lichthäusern gehören auch Laternen zu meinen bevorzugten Herbstdekorationen. Und obwohl ich unser kleines Küchenfenster in der Nische liebe, so kommt in der dunklen Jahreszeit doch zunehmend weniger Licht hindurch. Doch dagegen habe ich mir etwas einfallen lassen. So gibt es gläserne Laternen, die speziell zum Aufhängen gedacht sind. Passend dazu habe ich Gliederketten aus Metall gekauft und Ösen in unserer Zimmerdecke verschraubt, an denen ich die Laternen samt Kette aufhängen kann. Es passt jeweils ein Teelicht hinein, und ich habe die einzelnen Laternen in unterschiedlichen Höhen angeordnet. An besonders dunklen Tagen bringen sie nicht nur Licht in unsere Wohnung, sondern wirken wie ein kleines Sonnenspiel am Fenster. Ich bin ganz verliebt in sie!

HAVE A COSY DAY

DEKO-TIPP 4: DECKEN & KISSEN

Im Sommer haben wir zu Hause natürlich auch etliche Decken und Kissen, doch bestehen diese überwiegend aus hellen Farben und leichtem Leinenstoff. In der Herbstzeit tausche ich diese Bezüge gegen dicken Baumwollstoff in gedeckten Farben aus. Abends auf der Couch dürfen unsere kuscheligen Decken nicht fehlen, daher habe ich uns eine flauschige Variante ausgesucht, die nur dazu einlädt, es sich bei einer Tasse Tee gemütlich zu machen. Eine originelle Idee fand ich es auch, Kissen in Kürbisform zu wählen, da sie motivisch direkt den Herbst einziehen lassen und gleichzeitig schön weich sind.

DEKO-TIPP 5: KÜRBISSE & BLÄTTER

Bei unserem letzten Wocheneinkauf habe ich einige Kürbisse mitgenommen. Neben den essbaren gibt es auch oft kleine Zierkürbisse, die nicht nur hübsch aussehen, sondern auch ideal für die Herbstdekoration sind. Es gibt sie in vielen Farben und Sorten und ich lege sie meist in eine Schale oder stelle sie neben einer Kerze in das Regal. Aber auch die großen und essbaren Varianten können als Deko-Element herhalten, bis sie auf dem Teller landen.

Ähnlich wie den Ast aus meinem ersten Deko-Tipp kannst du auch gut erhaltene Herbstblätter für deine Dekoration zu Hause verwenden. Trockne sie am besten mit einem Küchentuch ab und presse sie danach für einige Tage in einem Buch. Wenn sie getrocknet sind, kannst du deine Blätter mit Heißkleber vorsichtig an einer batteriebetriebenen LED-Lichterkette befestigen. Im Handumdrehen hast du ein echtes Herbst-Unikat gestaltet!

Herbstschale

Im Herbst die richtige Deko zu finden kann gelegentlich etwas schwierig sein. Dies gilt umso mehr, wenn man vielleicht keine klassische Kürbis-Deko mag. Deko aus Naturmaterialien und Fundstücken bietet da eine gute Alternative. Für meine Herbstschale habe ich Eicheln, Kastanien, getrocknete Blätter, Zapfen, Zimtstangen und getrocknetes Moos verwendet. Letzteres habe ich allerdings in einem Deko-Geschäft gekauft.

BENÖTIGTES MATERIAL

1 Keramikschale, ca. ø 20 cm
Moos zum Auskleiden
10 Eicheln
4–5 Kastanien
5–6 trockene Blätter
5 Tannenzapfen
3 Zimtstangen
1 kleines Windlicht
1 Teelicht

SO WIRD'S GEMACHT

Eine Schale mit dem Moos auslegen.

Darauf die Eicheln, Kastanien, Tannenzapfen, Blätter und Zimtstangen dekorativ verteilen. In der Mitte etwas Platz für das kleine Windlicht lassen.

Das Windlicht mittig platzieren und ein Teelicht hinzufügen.

TIPP

Kerzen nie unbeaufsichtigt brennen lassen.

THIS BUCKET
DOES NOT
HAVE A COSY DAY
Be a Hyggespreder | 365 Tage

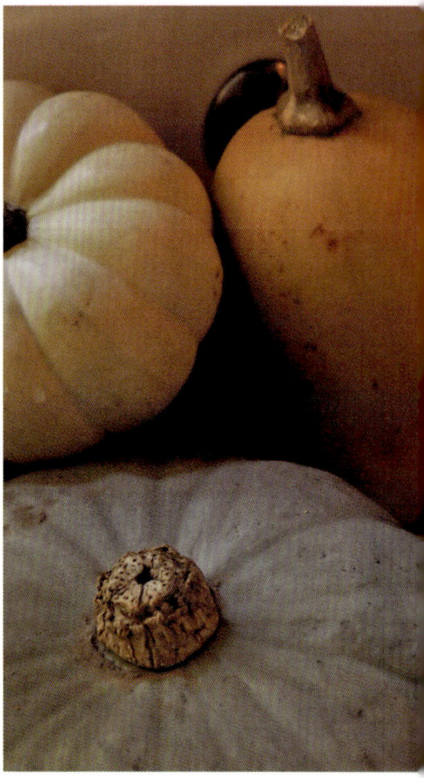

Versuche nicht das perfekte Zuhause zu kreieren, sei dein Zuhause!

Was für mich Gemütlichkeit bedeutet, muss es nicht automatisch für dich sein. Ganz oben bei mir stehen aber natürlich Kerzen und Laternen. Im Herbst hole ich mir auch sehr gern Zierkürbisse nach Hause. Diese sind sehr klein und eignen sich ideal zum Dekorieren, dürfen jedoch nicht verzehrt werden.

Kürbis-Gesteck

Als ich neulich etwas bummeln war, habe ich mir drei dieser runden Korkuntersetzer mitgenommen, welche eigentlich für heiße Töpfe gemacht sind. In meinem Kopf spielte sich jedoch direkt eine Idee für ein neues DIY ab, das sich wunderbar als Dekoration nutzen lässt.

BENÖTIGTES MATERIAL

3 runde Korkuntersetzer
1 kleiner Stock
Trockenblumen nach Wahl
Draht
Heißkleber
1 Baumwollblüte

SO WIRD'S GEMACHT

Zwei der Untersetzer auf gleicher Höhe aneinanderlegen.

Mittig auf die beiden Untersetzer mit Heißkleber den dritten Untersetzer kleben. So erhält man die Grundform eines Kürbisses.

Von der Rückseite her einen Stock ankleben, dieser bildet den Strunk.

Verschiedene Trockenblumen zu zwei kleinen Bündeln fassen, diese mit Draht fixieren und anschließend zu beiden Seiten auf die Untersetzer kleben.

Um die Stielenden zu kaschieren, mittig eine Baumwollblüte festkleben.

HAVE A COSY DAY

Kerzen sind eine der schönsten Dekorationen, die zu jeder Jahreszeit ihre Wirkung entfalten. Sie sind ein Licht- und Wärmebringer. Für mich bedeuten sie auch ein kleines Ritual: Wenn ich eine Kerze anzünde und mir der Geruch des Streichholzes in die Nase steigt, die Flamme flackert, wird es daheim einfach nur gemütlich.

Den store BRØDBOG

Raumduft im Glas

Wonach duftet der Herbst für dich? Ist es der warme Zimtgeruch oder der des frisch gebackenen Kuchens? Ist es der Geruch von nassem Laub nach einem Regentag oder der des Kaminfeuers? Vielleicht ist es aber auch irgendwie eine Mischung aus allem. Ganz egal, welcher Duft in dir Herbstgefühle auslöst, es ist dein Duft, und diesen kannst du dir mit einem selbst gemachten Raumduft in die eigenen vier Wände holen.

BENÖTIGTES MATERIAL

1 Glasvase oder Windlicht
verschiedene duftende Naturmaterialien, z. B. getrocknete Orangenscheiben, Zimtstangen und Tannenzapfen, Anissterne
Duftöle, z. B. Zimt, Nelke, Fichte

SO WIRD'S GEMACHT

Eine größere Glasvase mit verschiedenen Naturmaterialien und Gewürzen auffüllen.

Um den Duft der Gewürze zu verstärken und langlebiger zu machen, etwas Duftöl auf die Naturmaterialien und Gewürze träufeln. Damit der Duft nicht zu intensiv wird, zunächst mit wenigen Tropfen beginnen.

TIPP

Der Raumduft im Glas kann nach einiger Zeit mit wenigen Tropfen Duftöl wieder aufgefrischt und vielleicht auch etwas variiert werden.

DIY-Projekte

KLARSTEIN
SALT
OIL
EXTRA VIRGIN
OLIVE OIL

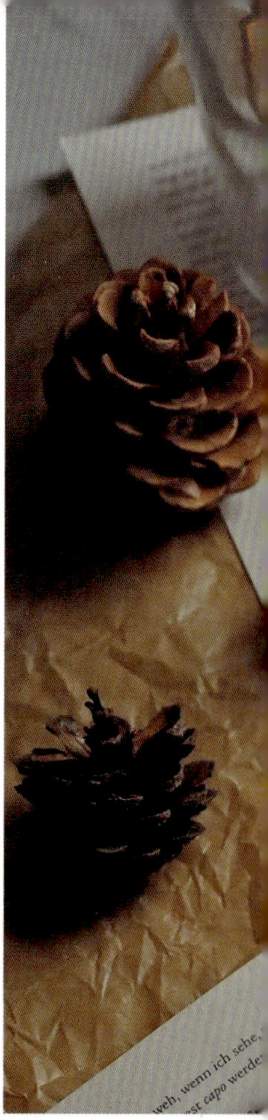

COSY DAY
hyggelig

Kork-Untersetzer

Untersetzer für Kaffee- und Teetassen sind manchmal gar nicht so verkehrt, um empfindliche Holzoberflächen vor Hitze oder Nässe zu schützen. Viele von ihnen gefallen mir allerdings einfach nicht, also habe ich direkt eigene Untersetzer gebastelt.

BENÖTIGTES MATERIAL

Schreibtischunterlage aus Kork
Bleistift
Schere
Locher
Plusterstift in Weiß
Juteband

SO WIRD'S GEMACHT

Mit einem Bleistift die gewünschte Form auf die Korkunterlage vorzeichnen. Als Schablone kannst du z. B. ein großes Ahorn- oder ein anderes Blatt verwenden. Auch eine Pilzform macht sich sehr gut für einen herbstlichen Untersetzer. Anschließend mit der Schere ausschneiden.

Für die spätere Aufhängung mit einem Locher ein Loch in den Untersetzer stanzen.

Für die Kontur mit einen Plusterstift den Rand nachziehen. Das sorgt für einen hübschen 3D-Effekt. Außerdem bildet die Plusterfarbe einen etwas erhöhten Rand, der dafür sorgt, dass Flüssigkeit auf dem Untersetzer bleibt und nicht direkt über deinen Tisch läuft.

Wenn die Farbe getrocknet ist, ein Juteband durch das Loch hindurchfädeln und verknoten.

KAFFEHYGGE
PUMPKIN
SPICE
APPLE
PIE
HAND POURED

Servietten-Kerzen

In diesem DIY geht es darum, eine individuelle Motivkerze zu gestalten. Alles, was du dafür benötigst, sind eine Blockkerze, eine schön bedruckte Serviette und Backpapier!

BENÖTIGTES MATERIAL

Serviette mit Motiv
Weiße Blockkerze
Schere
Backpapier
Klebeband
Föhn

SO WIRD'S GEMACHT

Die Serviette zurechtlegen und darauf die Blockkerze platzieren. Dabei darauf achten, dass das Motiv möglichst mittig auf der Kerze platziert ist.

Mit einer Schere nun die Serviette in der Größe der Kerze zuschneiden, sodass die Serviette einmal rund um die Kerze gelegt werden kann. Oben und unten sollte die Serviette bis zum Kerzenrand reichen.

Die Serviette besteht aus mehreren Schichten, die nun vorsichtig mit einem Fingernagel voneinander gelöst werden sollten. Benötigt wird lediglich die bedruckte Schicht mit dem Motiv.

Diese dünne Schicht nun wieder um die Kerze herumlegen.

Einen Bogen Backpapier grob in der Kerzengröße passend zurechtschneiden.

Anschließend die Kerze mit der Serviette eng in das Backpapier einwickeln. Die Enden mit einem Streifen Klebeband fixieren.
Das Backpapier schützt die Serviette darunter und sorgt dafür, dass diese an Ort und Stelle bleibt.

Den Föhn auf die heißeste Stufe einstellen und die Kerze ca. 5 Minuten lang von allen Seiten gleichmäßig föhnen. Durch die Hitze wird die Kerze etwas weich und die Serviette verschmilzt mit dem Wachs.

Zum Schluss prüfen, ob schon alle Stellen der Serviette mit der Kerze verschmolzen sind. Falls nicht, die Kerze wieder einwickeln und erneut föhnen.

Kaffeefilter-Kranz

Dieser Kranz ist eine kleine Bastelidee für die Tage, an denen man es sich einfach nur mit einem Kaffee zu Hause gemütlich machen möchte.

BENÖTIGTES MATERIAL

10 Kaffeefilter
1 Bleistift
1 Herbstblatt als Vorlage
Fineliner in Schwarz oder Braun
1 Kranz nach Wahl
Schere
Heißkleber
Juteband

SO WIRD'S GEMACHT

Das Herbstblatt als Motivvorlage nutzen: Auf die Kaffeefilter legen und mit dem mit Bleistift umzeichnen. Anschließend die Vorzeichnungen ausschneiden. Für diesen Kranz braucht man etwa 18–20 ausgeschnittene Blätter.

Die Filterblätter in der Mitte falten. Für einen noch natürlicheren Look kannst du mit einem Fineliner kleine Blattadern aufzeichnen.

Der Kranz aus biegsamen Ästen dient nun als Unterlage für die Blätter, die in der unteren Kranzhälfte mit Hilfe der Heißklebepistole befestigt werden.

Zum Schluss oben am Kranz eine dekorative Schleife aus Juteband anbringen und den Kranz z. B. an einem Fenster aufhängen.

TIPP

Wenn du mehrere Filter übereinanderlegst, geht das Ausschneiden viel schneller!

Zimtrinden-Windlicht

Diese DIY-Idee ist nicht nur eine meiner liebsten, weil sie so einfach zu machen ist, sondern auch, weil man hiermit wunderbar alte Einmachgläser upcyclen kann! Bei diesem DIY habe ich mich für Zimtstangen entschieden, du kannst aber auch kleine Äste oder auch Blumenstiele verwenden.

BENÖTIGTES MATERIAL

1 Schraubglas
1 Küchengummi
15–20 Zimtstangen
Juteschnur
1 Teelicht

SO WIRD'S GEMACHT

Vorab Etiketten und Klebereste vom Schraubglas entfernen.

Ein Küchengummi mittig um das Glas spannen.

Die Zimtstangen nun nacheinander hinter das Gummi stecken, bis das Glas vollständig mit Zimtstangen umrandet ist.

Um das Gummi zu verstecken, eine Juteschnur mehrmals um das Glas wickeln und die Enden zu einer Schleife binden.

Zum Schluss ein Teelicht in die Mitte des Schraubglases stellen und das Windlicht ist fertig.

TIPP

Falls dein Windlicht zu wenig Licht durchlässt, kannst du die Zimtstangen auch in größeren Abständen platzieren, dann scheint etwas mehr Kerzenlicht durch die Lücken.

Bücherseiten-Girlande

Diese Blättergirlande wird niemals welk, denn sie besteht aus alten Buchseiten und versprüht damit eine Extraportion Vintage-Charme!

BENÖTIGTES MATERIAL

2 getrocknete Herbstblätter,
z. B. Ahorn- und Eichblatt
1 Buch
1 Bleistift
Heißkleber
Tannenzapfen
Band oder eine Juteschnur

SO WIRD'S GEMACHT

Die Herbstblätter auf die einzelnen Buchseiten legen und mit dem Bleistift umzeichnen. Anschließend die Blattformen ausschneiden. Für meine Girlande habe ich 16 Blätter ausgeschnitten.

Jeweils zwei gleiche Blätter derselben Sorte in der Mitte falten, etwas schräg übereinander legen und mit der Heißklebepistole zusammenkleben.

In der Mitte für die Deko einen Tannenzapfen ankleben.

Die Blattkombis nun in gleichmäßigen Abständen an einer Juteschnur mit etwas Heißkleber befestigen, sodass eine Girlande daraus entsteht.

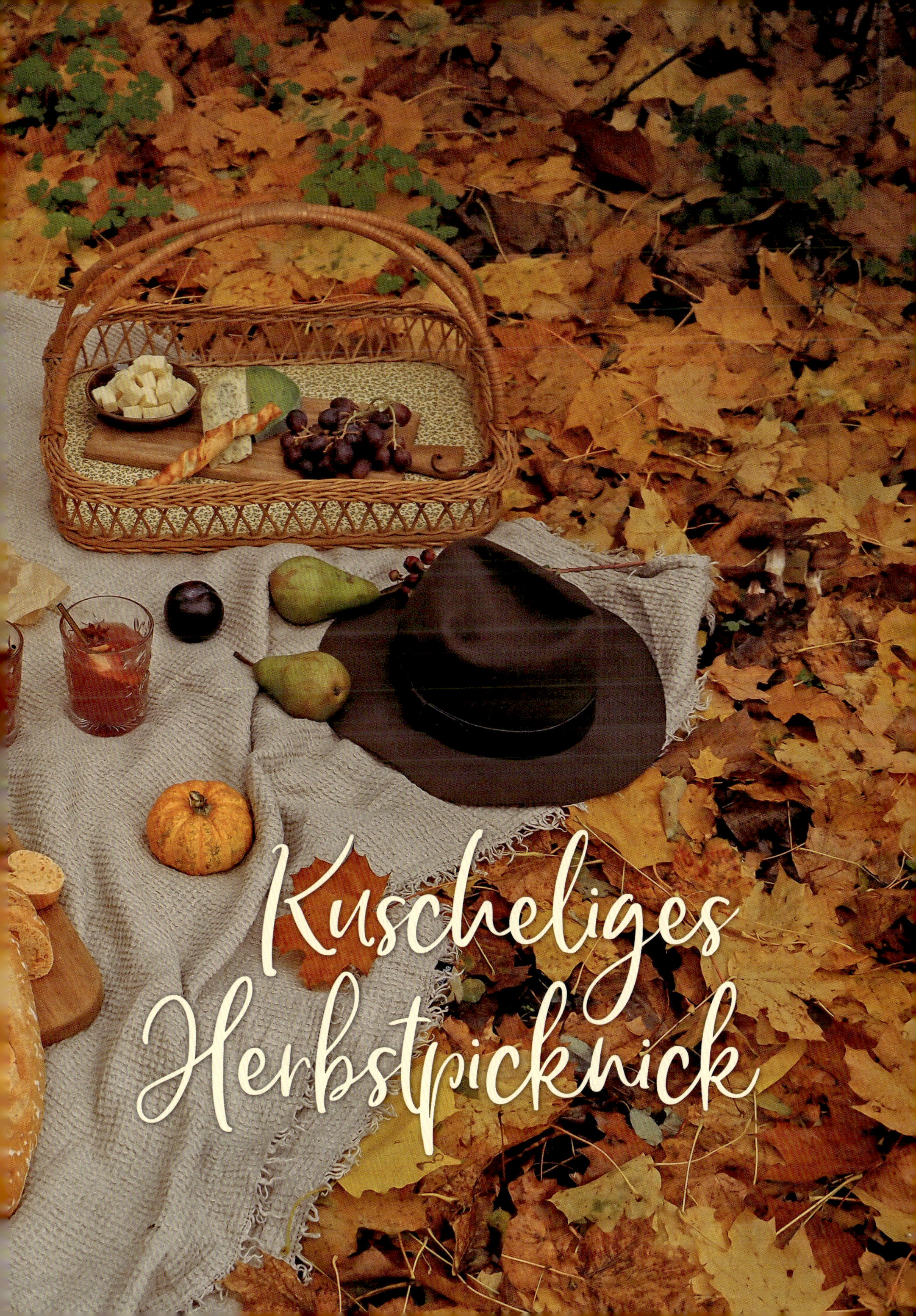

Kuscheliges Herbstpicknick

Picknicken geht nur im Sommer? Das sehe ich anders, und deshalb zelebriere ich schon seit Jahren die Picknick-Saison im Herbst. Jetzt kann man die Sonne genießen, ohne dabei ins Schwitzen zu kommen. Kissen, Decken und Laternen machen das Herbstpicknick so richtig gemütlich.

Bei der Getränkeauswahl greife ich gern auf Apfelpunsch zurück, denn diesen kann man wunderbar mit und ohne Alkohol zubereiten und ihn je nach Außentemperatur warm oder kalt genießen. Und für's Picknick ist Fingerfood überhaupt die beste Erfindung, denn es lässt sich wunderbar vorbereiten und transportieren. Was ich hier besonders liebe, sind verschiedene Käsesorten, Cracker und Dipps!

Picknick-Essentials

Wenn die Farben um dich herum immer bunter werden, wird es höchste Zeit für ein Picknick im Herbst. Ein Picknick verbindet man oft mit Sommer und grünen Wiesen ... was ist aber, wenn ich dir sage, dass ein Picknick umgeben von bunten Blättern noch viel schöner sein kann?

Lediglich an die Temperaturen musst du dich ein wenig anpassen, was aber mit Decken, Kissen und einem dicken Pullover gar kein Problem ist!

CHECKLISTE FÜR EIN GELUNGENES HERBSTPICKNICK:

- Picknick-Decke
- Decke oder Plaid zum Einkuscheln
- kleine Kissen
- Teller
- Becher
- Besteck
- Holzbrett zum Schneiden
- Laternen
- Kerzen
- Musikbox
- Tablett oder Picknickkorb für den Transport

Fingerfood-Ideen

Ein Picknick sollte praktisch sein, ganz egal, zu welcher Jahreszeit es stattfindet. Für ein Herbstpicknick empfehle ich dir daher kleine Snacks, die du gut in einer Box transportieren kannst, ohne dass dabei etwas auslaufen kann. Bei einem Picknick geht es schließlich nicht hauptsächlich um das Essen selbst, sondern um das Beisammensein.

FÜR EIN HERBSTPICKNICK EIGNEN SICH FOLGENDE FINGERFOOD-IDEEN:

- Baguette & Brote
- Obst, wie Weintrauben, Birnen, Äpfel
- Gemüsesticks
- verschiedene Dips
- Blätterteigtaschen
- Flammkuchen-Sticks
- verschiedene Käse- & Wurstvarianten
- hartgekochte Eier
- fertig zubereitete Salate z. B. mit Nudeln
- Hackfleischbällchen
- Tomate-Mozzarella-Spieße
- Muffins
- Kanne mit Tee oder heißem Apfelpunsch

Apfelpunsch

Wenn mir an manchen Herbsttagen etwas kalt ist, mache ich mir einen Tee. Aber wie wäre es mit etwas Aufregenderem? Die Rede ist von einem Apfelpunsch. Dieses Getränk kannst du warm wie auch kalt genießen und je nach Belieben mit oder ohne Alkohol zubereiten.

ZUTATEN

(für 6 Portionen)

2 l naturtrüber Apfelsaft
250 ml Orangensaft
Saft einer ½ Zitrone
1 Orange
2 Zimtstangen
2 Nelken
2 Rosmarinzweige
Optional 100 ml Whiskey

FÜR DIE DEKORATION

1 Apfel
Granatapfelkerne
6 Rosmarinzweige
6 Zimtstangen

ZUBEREITUNG

Den Apfel- und den Orangensaft, die Zimtstangen, die Nelken und die Rosmarinzweige in einen großen Topf geben und alles kurz leicht aufkochen lassen.

Danach die Hitze reduzieren und alles ca. 20 Minuten lang durchziehen lassen.

Für einen besonders wärmenden Kick kann man den Apfelpunsch mit einem kleinen Schuss Whiskey servieren.

Für die Dekoration einen Rosmarinzweig, ein paar Granatapfelkerne und einen Apfelspalt hinzufügen.

Möchtest du deinen Apfelpunsch auf ein Picknick nehmen, lässt du die Deko einfach weg und füllst ihn noch heiß in eine Thermosflasche!

Dieses Getränk schmeckt wunderbar und ist herzerwärmend.

Flammkuchen-Sticks

Was mir an Fingerfood so gut gefällt, ist die Tatsache, dass es sich hierbei in der Regel um einfache und schnelle Rezepte handelt. Dies trifft auch auf dieses Rezept für herzhafte Flammkuchen-Sticks zu. In ihrem Kern offenbaren sie eine leckere Kürbiscreme und sie eignen sich perfekt für ein Picknick.

ZUTATEN

(für 7 Sticks)

1 Rolle Flammkuchenteig aus dem Kühlregal
Kürbisaufstrich (siehe Grundrezept S. 74)
1 Prise Salz
1 Prise Pfeffer
2 TL Sesamkörner

AUSSERDEM
Backpapier

ZUBEREITUNG

Den Flammkuchenteig quer ausrollen und längs in ca. 7 gleichbreite Streifen teilen. Dabei darauf achten, dass die Streifen nicht zu dünn geraten.

Den Ofen auf 175 °C Ober- und Unterhitze vorheizen.

Die rechte Längshälfte jedes Streifens nun von oben bis unten mit der Kürbiscreme einstreichen und anschließend die linke Teighälfte über die rechte klappen.

Anschließend die Streifen jeweils zu einer Spirale eindrehen und anschließend auf ein mit Backpapier ausgelegtes Backblech legen.

Nach Belieben mit Sesamkörnern bestreuen. Anschließend die Sticks für ca. 8–12 Minuten backen, bis sie goldbraun sind.

Kürbisaufstrich

Dieser Aufstrich ist wie gemacht für den Herbst! Er besitzt nicht nur eine wunderschöne Farbe, sondern passt zu wirklich allem. Ich habe diesen Aufstrich als Füllung für meine Flammkuchensticks genutzt, ihn auf frischem Brot gegessen und sogar auf meiner Pasta serviert. Der Aufstrich lässt sich also super kombinieren und vielseitig verwenden.

ZUTATEN

(für ca. 300 g Aufstrich)

200 g Kürbispüree (siehe Grundrezept S. 20)
35 ml Olivenöl
20 g Kürbiskerne
20 g fein gehobelter Parmesan
1 Spritzer Orangensaft
1 EL Kürbiskernöl
Salz
Pfeffer

AUSSERDEM

Mixer oder Pürierstab
Schraubglas

ZUBEREITUNG

Das Kürbispüree mit allen anderen Zutaten außer dem Kürbiskernöl, dem Salz und Pfeffer in einen Mixer geben und pürieren, bis eine samtige Konsistenz erreicht ist.

Danach das Kürbiskernöl unterrühren und den Aufstrich mit Salz und Pfeffer abschmecken.

TIPP

In einem Schraubglas lässt sich der Kürbisaufstrich wunderbar für eine Woche im Kühlschrank aufbewahren.

Pflaumenkuchen aus Blätterteig

So schnell und simpel gemacht wie die Flammkuchen-Sticks ist auch dieser Blätterteigkuchen. Statt des Hefeteigs, wie sonst bei Pflaumenkuchen üblich, habe ich hier einfachen Blätterteig aus dem Kühlregal verwendet.

ZUTATEN

(für ca. 6 Stück)

1 Rolle Blätterteig aus dem Kühlregal
4–5 Pflaumen
1 EL Mandelblättchen
150 g Frischkäse Natur
1 Eigelb

FÜR DIE DEKORATION
1 EL gesiebten Puderzucker

AUSSERDEM
Backpapier

ZUBEREITUNG

Den Blätterteig quer ausrollen und in 6 Rechtecke schneiden.

Auf jedes Rechteck einen Teelöffel Frischkäse verstreichen und dabei jeweils ca. 1 Zentimeter Rand freilassen.

Die Pflaumen in Hälften und dann in dünne Scheiben schneiden. Die Blätterteigteilchen mit den Pflaumenscheiben belegen.

Nun ein paar Mandelblättchen darüber streuen und die freigelassenen Ränder des Blätterteigs mit Eigelb einpinseln, damit diese während des Backens schön Farbe annehmen.

Den Ofen auf 175 °C Ober- und Unterhitze vorheizen und die Blätterteig-Rechtecke mit etwas Abstand auf ein mit Backpapier ausgelegtes Backblech legen.

Für ca. 10–12 Minuten im Backofen backen, bis die Ränder goldbraun sind. Nach dem Abkühlen mit etwas Puderzucker bestäuben.

TIPP

In einer Dose verpackt lässt sich der Blätterteigkuchen problemlos transportieren!

HEALTHY HOMEMADE RECIPE
WITH NATURAL INGREDIENTS
HOMEMADE
Hand made
STYLE

Achtsamer
Herbstspaziergang

Wenn es einen Ort gibt, an dem ich meine Gedanken zur Ruhe bringen kann und mich einfach nur wohlfühle, dann ist es der Wald. Besonders im Herbst liebe ich meine Spaziergänge dort, wenn die Blätter sich bereits verfärben und sich alles auf den nahenden Winter vorbereitet.

Das Nachhausekommen in die Wärme ist dann gleich doppelt so schön!

So ein Kaminfeuer hat auf mich seit jeher immer eine sehr beruhigende Wirkung. Sich nach einem kalten Tag daran aufzuwärmen, dem Feuer beim Lodern zuzusehen und dabei das Knistern des Holzes wahrzunehmen, vermittelt ein Gefühl der Gemütlichkeit.

Achtsamkeit im Herbstwald

Ich lade dich hier und jetzt dazu ein, dich von mir gedanklich auf einen achtsamen Herbstspaziergang mitnehmen zu lassen.

Stelle dir einen Herbsttag vor, an dem die Temperaturen schon deutlich gesunken sind, aber die Strahlen der goldenen Sonne ganz leicht durch die letzten Blätter an den Bäumen scheinen. Du befindest dich mitten im Wald auf einer Lichtung und kannst die Wärme der einzelnen Sonnenstrahlen auf deinem Gesicht spüren. Hin und wieder weht ein kühler Wind durch deine Haare, aber kalt ist dir nicht, denn du bist warm und kuschelig in deiner Jacke, deinen Stiefeln und deinem Lieblingspullover eingepackt.

So beginnst du deinen Spaziergang. Du läufst ohne Hektik und ohne Ziel und bleibst gelegentlich einfach mal stehen. Du hältst inne und schließt deine Augen. Hörst du das Rascheln des Laubes unter deinen Stiefeln? Riechst du den erdigen Duft des Waldes und des feuchten Holzes? Spürst du den Wind und die Sonne auf deiner Haut? Was siehst du noch um dich herum? Die vielen Blätter auf dem Waldboden ergeben ein wunderschönes Blättermeer aus gelben, orangefarbenen und roten Farben.

Du läufst weiter und weiter durch dieses raschelnde Meer hindurch. Und mit jedem Schritt spürst du mehr Ruhe in dir aufkommen. Deine Gedanken werden eins mit dem Wald, und du nimmst einen tiefen Atemzug. Ein und aus, und die kühle Herbstluft weckt ein Gefühl der Geborgenheit in dir.

Der Herbst ist die Zeit der Ruhe, und der Herbst steckt nun auch in dir. Wenn du wieder einen Moment der Ruhe und Achtsamkeit benötigst, spaziere, so oft du magst, zu dieser Lichtung im Wald zurück.

Natürliche Kaminanzünder

Auf die Idee, Kaminanzünder selbst herzustellen, kam ich, als ich mit meinem Freund ein Wochenende im Elsass verbrachte. Wir hatten uns eine kleine Holzhütte mitten im Wald gemietet. Um es in der Hütte warm zu haben, musste man sich selbst um das Holz und um das Kaminfeuer kümmern. Wir waren im September dort, und die Tage waren noch wunderbar sonnig, doch die Nächte gerieten schon deutlich kühl. Ich selbst hatte zu diesem Zeitpunkt noch keine großen Erfahrungen mit einem Kamin, und so ein Feuer zu entfachen, ist manchmal gar nicht so einfach. Bis jetzt, denn ich habe zu Hause diese kleinen und nachhaltigen Kaminanzünder aus Kerzenresten hergestellt, und ich kann dir versprechen: Sie entfachen jedes Feuer!

BENÖTIGTES MATERIAL

Kerzenwachsreste
Tannenzapfen
Sternanis
Zimtstangen
Nelken
Holzdochte

AUSSERDEM

Muffinförmchen aus Papier

SO WIRD'S GEMACHT

Die Kerzenwachsreste in eine alte Metallschüssel geben. Sehr gut kannst du dafür auch eine alte, saubere Konservendose nehmen.

Die Schüssel in einen mit Wasser gefüllten Topf stellen, erhitzen und das Wachs langsam zum Schmelzen bringen.

Währenddessen die Papierförmchen vorbereiten. In jedes Förmchen verschiedene getrocknete Zapfen hineinlegen. Für einen schönen Duft eignen sich zusätzlich Zimtstangen, Nelken und Sternanis.

In jede Form das flüssige Kerzenwachs gießen und ein paar Sekunden warten. Danach den Holzdocht hineinstecken und das Wachs gut aushärten lassen.

Der Vorteil von nachhaltigen Papierförmchen ist der, dass man diese einfach mit im Kamin verbrennen kann. Andernfalls die Papierform entfernen. Dann den Holzdocht anzünden und den Kaminanzünder auf das Holz im Kamin legen. Das Wachs verbrennt im Kamin vollständig und hinterlässt keine Rückstände.

TIPP

Ich verwende als Schmelzschüssel immer eine alte Metallschüssel, die ich nur für Kerzenwachs nutze. Wie immer bei Feuer gilt es auch hier, achtsam mit den Kaminanzündern umzugehen, da sie schnell Feuer fangen.

Unsere Zeit im Elsass war so, wie ich es mir vorgestellt hatte: unendlich viel Gemütlichkeit und Zeit, um zur Ruhe zu kommen, kuschelige Regentage und ganz viel Natur um uns herum.

Weil es kaum elektrisches Licht gab, wurden zum Abend hin alle möglichen Kerzen und Laternen angezündet. Tagsüber hatten wir hingegen Glück und wurden überwiegend mit goldenen Herbsttagen belohnt, sodass wir morgens eingepackt in unsere Strickpullover ganz gemütlich auf der Terrasse frühstücken konnten.

Fliegenpilz-Muffins

Das nachfolgende Rezept ist inspiriert von unserem Hütten-Wochenende im Wald. Die süßen Fliegenpilz-Muffins, die natürlich ohne Bedenken vernascht werden dürfen, bestehen aus einem saftigen Zitronen-Vanille-Teig. Der Hagelzucker gibt diesen Muffins den letzten Schliff. Die Muffins sind garantiert ein Blickfang auf jedem Tisch!

ZUTATEN

(für 12 Stück)

FÜR DEN TEIG

150 g weiche Butter
100 g Zucker
1 Pck. Vanillezucker
2 Eier, Größe M
Abrieb einer Bio-Zitrone
Saft von 2 Zitronen
1 Prise Salz
½ TL gemahlene Bourbonvanille
250 g Weizenmehl, Type 405
2 TL Backpulver

FÜR DIE GLASUR

3 EL Zitronensaft
100 g Puderzucker
Lebensmittelfarbe in Rot (Pulver oder Creme)

FÜR DIE DEKORATION

2 EL Hagelzucker

AUSSERDEM

12 Muffinförmchen aus Papier

ZUBEREITUNG

Die Butter mit dem Zucker und dem Vanillezucker zu einer schaumigen Masse verrühren. Danach die Eier einzeln hinzugeben und verrühren.

Von einer Zitrone die Schale abreiben, beide Zitronen auspressen und Abrieb und Saft zur Butter-Zucker-Mischung geben. Alles verrühren.

In einer separaten Schüssel Mehl mit Salz und Backpulver vermengen und alles nach und nach unter die Zuckermischung rühren, bis ein glatter Teig entstanden ist.

Den Ofen auf 160 °C Umluft oder 180 °C Ober- und Unterhitze vorheizen.

Den Teig gleichmäßig auf die Muffinförmchen verteilen und auf einem Backblech in den Ofen geben. Für ca. 20–25 Minuten backen. Nach erfolgter Stäbchenprobe zum Abkühlen aus dem Ofen nehmen.

Für die Glasur zuerst den Puderzucker mit dem Zitronensaft verrühren. Die Lebensmittelfarbe hinzugeben, gut verrühren und die Glasur auf die Muffins streichen.

Den Hagelzucker über die Glasur streuen, bevor diese fest geworden ist.

ig high quality
gredients, we pr
resh baked bread

Waldmotiv-Torte

Meine Spaziergänge im herbstlichen Wald haben mich auf die Idee gebracht, eine Waldmotiv-Torte zu kreieren. So entstand diese Torte, die mit wärmenden Gewürzen und einem fruchtigen Kern überrascht!

ZUTATEN

(für 1 Springform, ø 24 cm)

FÜR DEN TEIG

3 Eier
100 g Zucker
50 g Weizenmehl
2 TL Backpulver
1 TL Zimtpulver
100 g gemahlene Mandeln

FÜR DIE QUARKCREME

250 g kalte Schlagsahne
2 Pck. Sahnesteif
300 g Speisequark 20 %
1 Pck. Vanillezucker
50 g Zucker

ZUBEREITUNG

Den Backofen auf 160 °C Umluft vorheizen.

Für den Biskuitteig zuerst die Eier in einer Schüssel schaumig aufschlagen, dann Zucker langsam unterrühren und alles zusammen weitere zwei Minuten lang aufschlagen.

Das Mehl mit Backpulver, Zimt und den gemahlenen Mandeln vermischen und unter die Eiermasse heben. Alles kurz zu einem glatten Teig verrühren.

Den Teig in einer mit Butter vorgefetteten Springform für 15 Minuten bei 160 °C Umluft backen. Sollte der Teig zu dunkel geraten, mit Alufolie abdecken und fertigbacken.

Für die Quarkcreme zuerst die Sahne mit Sahnesteif aufschlagen. Dann nach und nach den Zucker einrieseln lassen und unterrühren.

In einer separaten Schüssel den Quark mit Vanillezucker verrühren und anschließend die Sahne vorsichtig unterheben.

Wenn der Biskuitteig fertig gebacken und abgekühlt ist, ihn vorsichtig aus der Springform lösen.

FÜR DIE DEKORATION

Rosmarinzweige

Kleine Deko-Waldtiere

1 TL gemahlener Zimt

AUSSERDEM

Springform, ø 24 cm

1 TL Butter zum Einfetten

Evtl. Alufolie

100 g Apfelkompott

Für die Füllung das Apfelkompott mittig auf dem Biskuitboden verteilen, dabei den Rand aussparen.

Die Quark-Sahne-Creme vorsichtig auf das Apfelkompott geben und von der Mitte zum Rand hin verstreichen. Dabei gern etwas über den Rand streichen.

Für die Deko die Rosmarinzweige zurechtschneiden und als Tannenbäume verkehrt herum in den Kuchen stecken. Die kleinen Waldtiere dazwischen platzieren.

Abschließend noch etwas Zimt über den Kuchen sieben.

Gemütlicher
Regentag

Zimt-Vanille-Badesalz

Manche Tage sind einfach grau, nass und kalt. Genau dann sehne ich mich nach einem heißen Vollbad, Kerzen und einem Buch. Was dabei auf keinen Fall fehlen darf, ist ein wohltuendes Badesalz, das die Haut pflegt und gleichzeitig die Sinne entspannt.

BENÖTIGTES MATERIAL

1 Zimtstange (alternativ 1 TL gemahlener Zimt)
1 getrocknete Vanilleschote (alternativ 1 TL gemahlene Vanille)
½ TL reines Mandelöl
3 Tassen grobes Totes-Meersalz

AUSSERDEM

1 Schraubglas á 300 ml

SO WIRD'S GEMACHT

Die Zimtstange und die getrocknete Vanilleschote in einer Kaffeemühle fein mahlen.

Das Pulver mischen, das Mandelöl hinzufügen und alles gründlich miteinander verrühren.

Das Meersalz in zwei separate Schüsseln aufteilen.

In eine der beiden Schüsseln das Zimt-Vanille-Mandelöl geben und mit dem Meersalz vermischen, bis sich die Farbe verteilt hat.

Nun die beiden Meersalzvarianten abwechselnd in das Schraubglas füllen. So entsteht am Ende ein schönes Schichtmuster. Gut verschlossen ist Badesalz ist einige Monate haltbar.

TIPP

Das Glas lässt sich mit einem Juteband und einer Zimtstange verzieren und so auch sehr schön verschenken!

Zimtschnecken-Popcorn

Dieses Rezept beschert im Nebeneffekt einen herrlichen Raumduft! Es stellt dabei jedes Popcorn im Kino in den Schatten. Das Popcorn ist zudem schnell gemacht und versüßt dir hoffentlich stilvoll deine kommenden Filmabende auf der Couch.

ZUTATEN

(für 2 Portionen)

30 g Popcorn-Mais
1 EL Speiseöl
½ TL gemahlenen Zimt
20 g Butter
50 g weiße Schokolade

AUSSERDEM

Topf mit Deckel

ZUBEREITUNG

Das Öl und den Popcorn-Mais in einen Topf mit Deckel geben und erhitzen, bis alle Popcorn-Körner aufgeplatzt sind.

Derweil die weiße Schokolade hacken, mit der Butter in einen kleinen Topf geben und zum Schmelzen bringen. Den Zimt unterrühren.

Eine große Schüssel bereitstellen und das noch warme Popcorn hineingeben.

Direkt danach die flüssige Butter-Schokoladen-Mischung dazugeben und alles gründlich miteinander vermengen.

Warten, bis alles fest geworden ist, und genießen!

Dekorative Kerzen

Es gibt diese Tage, an denen es einfach nicht hell werden möchte. Und an solchen Tagen gestalte ich mir gern eine kreative Zeit daheim. Für dieses DIY habe ich mir einfache weiße Stabkerzen sowie Acrylfarbe und feine Pinsel besorgt. Damit lassen sich Kerzen wunderbar verzieren und sehen später im Kerzenständer einfach toll aus.

BENÖTIGTES MATERIAL

Stabkerzen in Weiß
Acrylfarbe in Gold oder Braun
Feine Acrylpinsel

SO WIRD'S GEMACHT

Mit der Acrylfarbe die Kerze nach Wunsch bemalen. Dabei ganz oben beginnen.

Darauf achten, mit den Fingern nicht in die noch frische Farbe zu fassen.

Alles gut durchtrocknen lassen.

TIPP

Solltest du dich einmal vermalt haben, kannst du die noch frische Farbe ganz einfach mit einem feuchten Küchentuch abwischen.
Nach dem Anzünden läuft die Farbe nicht herunter, sondern brennt mit ab.

Herbstliche Eichelkekse

Diese kleinen Schokoladen-Eicheln schmecken einfach nur köstlich und sind im Handumdrehen gemacht! Du kannst dieses Keksrezept natürlich mit deinem Lieblingsmotiv nachmachen. Ich fand die Eicheln besonders schön anzusehen und mit der Schokoladenglasur sehr schön passend zum Herbst. Meine Form ist besonders groß, aber auch eine kleinere Version ist nicht weniger lecker!

ZUTATEN

(für ca. 25 große Kekse)

FÜR DEN MÜRBETEIG

350 g Mehl
60 g Puderzucker
2 EL stark entöltes Kakaopulver
½ TL gemahlene Bourbonvanille
1 Pck. Vanillezucker
½ TL gemahlener Zimt
250 g kalte Butter
1 Eigelb

FÜR DIE SCHOKOLADEN-GLASUR

150 g Zartbitterschokolade

AUSSERDEM

Ausstechform nach Wahl
Frischhaltefolie

ZUBEREITUNG

Alle trockenen Zutaten in einer großen Schüssel miteinander vermischen.

Die Butter in Stücke schneiden und zusammen mit dem Eigelb zu der Mehlmischung geben. Mit den Händen die Masse zu einem glatten Teig verkneten.

Den fertigen Teig zu einer Kugel formen, in Frischhaltefolie wickeln und für eine Stunde zum Kühlen in den Kühlschrank legen.

Den Ofen auf 180 °C Ober- und Unterhitze vorheizen.

Nach der Kühlzeit den Teig auf einer bemehlten Arbeitsfläche 4 mm dick ausrollen, die Eicheln ausstechen und auf ein mit Backpapier ausgelegtes Backblech legen.

Die Kekse ca. 10–12 Minuten im Backofen backen. Bei kleineren Formen sollten die Kekse bereits nach 8 Minuten fertig sein. Die Kekse nach dem Backen gut auskühlen lassen.

Währenddessen die Zartbitterschokolade in einem Wasserbad zum Schmelzen bringen und die ausgekühlten Kekse kopfüber ein Stück in die flüssige Schokolade eintauchen. Danach die Schokoladenglasur aushärten lassen.

Blätter-Kissenhülle

Kissen sind an kalten Regentagen unverzichtbar, um sich auf der Couch einzukuscheln. Bei diesem DIY zeige ich dir, wie du dir aus natürlichen Materialien deine ganz eigene Kissenhülle gestalten kannst. Alles, was du dafür benötigst, sind eine weiße Kissenhülle, Textilfarbe und Herbstblätter.

BENÖTIGTES MATERIAL

1 Baumwoll-Kissenhülle in Weiß
Textilmalfarbe in Braun
1 Pinsel
Herbstblätter

AUSSERDEM

Zeitungspapier
Evtl. Bügeleisen

SO WIRD'S GEMACHT

Das Innere der Kissenhülle mit einer Lage Zeitungspapier auslegen, damit das Motiv nicht auf die Rückseite durchfärbt.

Eines der Herbstblätter auf einer Seite mit der Textilmalfarbe gründlich einpinseln. Dabei darauf achten, die Seite des Blattes zu verwenden, die eine ausgeprägte Struktur mit Blattadern erkennen lässt.

Die bemalte Seite vorsichtig auf die Kissenhülle drücken und das Blatt von einer Seite her langsam abziehen.

Für die unterschiedlichen Intensitäten in der Farbgebung bei einigen Blättern die verbliebene Farbe des ersten Druckes für einen weiteren Abdruck verwenden.

Die Farbe gut trocknen lassen.

Je nach Hersteller muss die Textilmalfarbe zum Schluss mit dem Bügeleisen fixiert werden. Hier die Herstellerangaben beachten. So kann das Kissen später auch in die Waschmaschine.

Wärmende Herbstrezepte

Als die Planung für dieses Buch begann, musste ich mir erst einmal darüber im Klaren werden, welche Art von Rezepten ich integrieren mochte. Sie sollten nicht nur meine Herbstliebe widerspiegeln, sondern auch mich als Person. Dass ich ein Rezept für einen Apfelkuchen kreieren wollte, war mir jedoch schon von der ersten Sekunde an klar. Ich liebe Äpfel!

Kürbis-Ingwer-Suppe

Kürbissuppe ist im Herbst nicht wegzudenken und wird bei uns fast wöchentlich gegessen. Sie lässt sich einfach zubereiten und man kann sie gut einfrieren, falls man sie später ohne viel Aufwand noch einmal genießen möchte. Diese Rezeptvariation ist in den letzten Jahren meine liebste geworden, weil sie schön von innen wärmt, cremig ist und eine gute Würze enthält.

ZUTATEN

(für 4 Portionen)

ca. 800 g Hokkaido-Kürbis
1 rote Zwiebel
1 Knoblauchzehe
1 Stück Ingwer
2 EL Pflanzenöl
Optional 50 ml trockener Weißwein (z. B. Riesling)
300 ml Gemüsebrühe
400 ml Kokosmilch
1 kleine Chilischote
Salz
Pfeffer

FÜR DIE DEKORATION

Kürbiskerne
1 Spritzer Kürbiskernöl

ZUBEREITUNG

Den Kürbis halbieren und das Fruchtfleisch und die Kerne im Inneren entfernen. Bei Hokkaido-Kürbissen muss die Schale nicht entfernt werden. Die Kürbishälften in Stücke schneiden.

Anschließend den Ingwer, die Zwiebel und den Knoblauch schälen und sehr klein schneiden.

In einem großen Topf das Öl erhitzen und Zwiebel, Knoblauch und Ingwer anschwitzen, bis die Zwiebel glasig wird. Danach die Kürbisstücke hinzufügen.

Optional alles mit etwas Weißwein ablöschen und danach die Gemüsebrühe hinzugeben.

Nun langsam die Kokosmilch unterrühren und alles zusammen gut 10–15 Minuten lang leicht köcheln lassen, bis der Kürbis weich geworden ist.

Ist das Gemüse gar, wird alles fein püriert, bis eine cremige Suppe entstanden ist.

Diese mit Chili, Salz und Pfeffer und gegebenenfalls etwas Wein abschmecken und anschließend mit Kürbiskernen oder einem Spritzer Kürbiskernöl servieren.

TIPP

Am besten schmeckt die Suppe, wenn sie einen Tag vorher zubereitet wird und über Nacht durchziehen kann!

Norwegische Kanelknuter

Wenn ich einen zweiten Namen hätte, dann würde dieser wohl „Zimtschnecke" lauten! Für mich sind diese kleinen braunen Knoten der Inbegriff von Hygge und Gemütlichkeit! Der warme Duft von Zimt, der durch die ganze Wohnung zieht, wenn man die Zimtschnecken frisch aus dem Ofen holt, verzaubert mich jedes Mal. Dieses Rezept stammt original aus Norwegen und wurde mir von Freunden weitergegeben, um nun in diesem Buch verewigt zu werden.

ZUTATEN

(für ca. 15 Stück)

FÜR DEN TEIG

250 ml warme Milch
½ Pck. Trockenhefe
450 g Mehl (Type 405)
1 Prise Salz
1 TL gemahlener Kardamom
80 g weiche Butter
1 EL Zucker

FÜR DIE FÜLLUNG

150 g weiche Butter
80 g Zucker
½ TL gemahlener Kardamom
3 TL gemahlener Zimt

ZUBEREITUNG

Die Hefe, die warme Milch und den Zucker in eine Schüssel geben, vermischen und ein paar Minuten lang an einem warmen Ort ruhen lassen, damit die Hefe arbeiten kann.

Alle weiteren trockenen Zutaten separat vermischen und anschließend zu der Hefe geben.

Die weiche Butter hinzugeben und weitere 5–10 Minuten lang rühren, bis der Teig eine homogene Masse ergibt. An einem warmen Ort eine Stunde lang gehen lassen.

Währenddessen für die Füllung den Zucker mit den Gewürzen und der Butter mischen.

Hat sich das Volumen des Teiges nach der Gehzeit vergrößert, wird er in zwei Teile geteilt. Den ersten Teil auf einer bemehlten Arbeitsfläche ausrollen.

Auf die untere Hälfte des Teiges die Zimtfüllung geben und anschließend die obere Hälfte nach unten herunterklappen, ähnlich, als würde man ein Buch zuklappen.

Mit einem Messer den Teig nun von unten nach oben in ca. 2 cm breite Streifen schneiden.

Nun den ersten Streifen nehmen und in sich wie eine Spirale drehen. Dafür eine Hand ausgestreckt halten und den Streifen auf die Fingerspitzen legen. Den Streifen zweimal um die Finger wickeln, wie einen doppelten Ring. Das eine Ende des Streifens nun durch den Ring hindurchstecken und von hinten verknoten.

FÜR DIE GLASUR
80 g Zucker
70 ml Wasser
2 EL Hagelzucker

AUSSERDEM
Messer
Backblech und Backpapier

Die Zimtknoten auf ein mit Backpapier ausgelegtes Backblech legen und für weitere 30 Minuten gehen lassen.

Den Backofen auf 220 °C Ober- und Unterhitze vorheizen.

Für die Glasur den Zucker und das Wasser in einem Topf erhitzen, bis sich der Zucker aufgelöst hat.

Die Zimtknoten im vorgeheizten Ofen für ca. 8–12 Minuten backen, bis sie eine goldbraune Farbe angenommen haben.

Ist das erste Blech fertig, die Zimtknoten aus dem Ofen nehmen und mit einem Backpinsel jeden Zimtknoten mit der Wasser-Zucker-Mischung einpinseln. Direkt danach mit Hagelzucker bestreuen.

Die Zubereitung mit dem zweiten Teil des Teigs für ein weiteres Blech Zimtknoten wiederholen.

TIPP

Die Zimtknoten müssen nicht perfekt aussehen und andere Knoten sind möglich. Hier kommt es nicht auf Perfektion an, sondern nur darauf, dass deine Knoten in Form kommen.

Heiße Zartbitter-Schokolade

Manche Herbsttage können ziemlich grau und ungemütlich sein, und an diesen wärme ich mich gern mit einer heißen Tasse dunkler Schokolade wieder auf. Dieses Rezept ist mit Zimt verfeinert und vollmundig. Es schmeckt anders als eine fertige Trinkschokolade und ist schön dickflüssig.

ZUTATEN

(für 2 Tassen)

400 ml Milch (alternativ vegane Milchalternative)
4 TL Backkakao
25 g gehackte Zartbitterschokolade
½ TL gemahlener Zimt
1 TL brauner Zucker
1 Prise Salz
2 TL Speisestärke
½ TL Vanillepulver

FÜR DIE GARNITUR

Schlagsahne, Kekse oder 1 Prise Zimt

ZUBEREITUNG

Für die heiße Schokolade einfach alle Zutaten zusammen in einen kleinen Topf geben und auf mittlerer Stufe erwärmen, bis alles einmal hochkocht.

Danach die Hitze reduzieren und den Topf noch kurz stehen lassen. Die Speisestärke sorgt dafür, dass die heiße Schokolade nicht wässrig wird, sondern schön cremig gerät.

Die Schokolade in zwei große Tassen oder Becher füllen und nach Belieben mit etwas Schlagsahne, Keksen oder einer Prise Zimt dekorieren.

TIPP

Falls dir an manchen Tagen besonders kalt ist, kannst du eine kleine Prise Cayenne-Pfeffer hinzugeben. Du wirst den Pfeffer nicht herausschmecken, aber er wird dich von innen viel mehr aufwärmen.

Gitter-Apfelkuchen

Dieser Kuchen ist perfekt für ungemütliche Regentage, an denen man die meiste Zeit ohnehin daheim verbringt. Der Mürbeteig wird besonders knusprig und schön, wenn du ihm während der Zubereitung immer wieder genügend Zeit zum Kühlen gibst. Schon als Kind habe ich Äpfel geliebt und den Apfelkuchen meiner Oma noch viel mehr. Dieser Kuchen vereint die Säure der Äpfel mit der Süße des Mürbeteiges und ergibt den für mich besten Apfelkuchen der Welt!

ZUTATEN

(für 1 Tarteform, ø 24 cm)

FÜR DEN TEIG

380 g Weizenmehl (Type 405)
60 g Zucker
250 g kalte Butter (alternativ vegane Butter)
4 EL eiskaltes Wasser
2 EL gemahlener Zimt
1 Prise Salz

FÜR DIE FÜLLUNG

6 große Äpfel (ca. 650 g)
50 g Sultaninen
2 Pck. Vanillezucker
3 EL Amaretto oder braunen Rum
2 TL gemahlener Zimt
4 EL gemahlene Mandeln
50 g gehackte Walnüsse

ZUBEREITUNG

Für den Mürbeteig alle Zutaten mit den Knethaken der Küchenmaschine verkneten, bis ein glatter Teig entstanden ist.

Den Teig zu einer Kugel formen, in Frischhaltefolie einschlagen und für eine Stunde im Kühlschrank ruhen lassen.

Während der Teig kühlt, die Äpfel schälen, entkernen und in kleine Stücke schneiden.

Zusammen mit allen anderen Zutaten der Füllung in eine Schüssel geben und alles gut miteinander vermengen. Die Apfelmasse abdecken und alles gut durchziehen lassen.

Den Teig in zwei Hälften teilen, eine davon kühlt weiter im Kühlschrank. Die andere auf einer bemehlten Arbeitsfläche rund in der Größe der Tarte-Form ausrollen.

Die Tarte-Form mit Butter einfetten, den Teig hineinlegen und am Rand festdrücken.

Mit einer Gabel mehrmals in den Boden stechen und die Apfelmischung darauf verteilen. Die Form in den Kühlschrank stellen und den restlichen Teig herausnehmen.

Den Teig noch einmal teilen und eine der Hälften längsseits auf die Größe der Tarte-Form ausrollen.

Mit einem Messer den ausgerollten Teig in verschieden breite Streifen schneiden. Diese Streifen bilden später das Gitter auf dem Kuchen.

AUSSERDEM

Rührgerät oder Küchenmaschine
Frischhaltefolie
1 Tarte-Form, ø 24 cm
1 TL Butter zum Einfetten
Ausstechform 'Blatt'

Aus dem restlichen Teig kleine Kugeln formen und Blätter ausstechen. Für den Rand zwei weitere Streifen miteinander verflechten.

Die Tarte-Form aus dem Kühlschrank nehmen und die Teigstreifen darauf zurechtlegen. Hierbei die Streifen abwechselnd über- oder untereinander legen. Am Ende den geflochtenen Streifen um den Rand legen und ein paar Blätter und Kugeln auf dem Gitter verteilen.

Den verzierten Kuchen ein letztes Mal für 15 Minuten in den Kühlschrank geben. Dieser Schritt ist wichtig, damit das Gitter beim Backen in Form bleibt.

Den Backofen auf 175 °C Umluft vorheizen und den Kuchen nach der Kühlzeit für ca. 45 Minuten in den Ofen geben.

Nach dem Backen den Kuchen ca. 30 Minuten lang auskühlen lassen, damit der Mürbeteig nicht bricht.

Pumpkin-Spice-Granola

Granola ist so einfach gemacht und schmeckt mir zum Frühstück mit Joghurt und Früchten am besten. Während ich im Sommer gern Varianten mit getrocknetem Obst zubereite, ist meine Herbstversion etwas vollmundiger. Hier dominieren Zimt und Nüsse und geben dem Frühstück schon eine Portion Wärme für den Tag!

ZUTATEN

(für ein Blech)

200 g kernige Haferflocken
50 g zarte Haferflocken
70 g Kürbiskerne
100 g Pekannüsse
1 Prise Salz
1 TL gemahlener Zimt
1 TL Pumpkin Spice (siehe Grundrezept S. 18)
100 g Apfelmus
5 EL Ahornsirup
Getrocknete Cranberrys

AUSSERDEM

Backblech und Backpapier
Luftdichtes großes Vorratsglas

ZUBEREITUNG

Haferflocken, Nüsse und Gewürze in einer Schüssel miteinander mischen.

Das Apfelmus mit dem Ahornsirup vermengen und unter die Haferflocken mischen.

Alles auf ein mit Backpapier ausgelegtes Backblech legen und für ca. 20 Minuten bei 150 °C Ober- und Unterhitze goldbraun backen. Das Granola wird knusprig, wenn es nach dem Backen gut abgekühlt.

Zum Schluss noch getrocknete Cranberrys unterheben.

TIPP

Das Granola lässt sich in einem luftdichten Vorratsglas einige Wochen lang lagern.

Maronen-Apfel-Brot

Früher konnte ich mit Maronen irgendwie nichts anfangen, doch seit ungefähr vier Jahren bin ich dem Geschmack absolut verfallen. Seitdem gehören Maronen für mich zum Herbst dazu, und darum war es nur eine Frage der Zeit, dass ich mit ihnen ein neues Rezept ausprobiere. Herausgekommen ist dieses knusprige Maronen-Apfel-Brot, das mit dem nussigen Geschmack der Maronen und der leichten Süße der Äpfel so toll zur Jahreszeit passt!

ZUTATEN

(für 2 kleine Brote)

200 g vorgegarte Maronen
100 g Walnusskerne
1 Apfel
1 Prise Salz
400 g Weizenmehl (Type 1050)
100 g Roggenmehl (Type 1150)
350 ml naturtrüber Apfelsaft
10 g frische Hefe
25 g Ahornsirup

AUSSERDEM

Rührgerät
2 Backbleche und Backpapier
Auflaufform
Tasse mit Wasser gefüllt
1 EL Mehl
1 scharfes Messer
1 Backofengitter

ZUBEREITUNG

Die Maronen und die Walnusskerne grob hacken und den Apfel in kleine Stücke schneiden.

In einer Schüssel Mehl und Salz vermengen und anschließend die Maronen, Walnusskerne und Apfelstücke unterheben.

In einem separaten Topf den Apfelsaft erwärmen, die Hefe hineinbröseln und verrühren, bis sie sich vollständig aufgelöst hat. Den Ahornsirup einrühren und die Mehlmischung hinzugeben.

Alles gründlich mit einem Knethaken verkneten und den Teig mit einem Küchentuch abdecken. An einem warmen Ort für 10 Minuten ruhen lassen.

Den Teig nun einmal falten und für 10 Minuten ruhen lassen. Nach 20 Minuten den Vorgang wiederholen. Ein drittes Mal falten und den Teig für weitere 60 Minuten gehen lassen.

In der Zwischenzeit zwei Backbleche mit Backpapier auslegen.

Nach der Gehzeit den Teig in zwei Hälften teilen und jeweils zu einer Kugel formen. Diese auf einer bemehlten Arbeitsfläche flach drücken, bis eine runde Form entstanden ist.

Mit den Fingern ein Loch in der Mitte des Teiges hineindrücken und den Teig, ähnlich wie bei einem Donut, zu einem Ring formen. Beide Teigringe abgedeckt erneut ca. 60 Minuten gehen lassen, bis sich der Teig vergrößert hat.

Den Ofen auf 230 °C Umluft vorheizen und eine kleine Auflaufform auf den Boden des Ofens stellen. Eine kleine Tasse mit Wasser bereitstellen.

Die Teigringe mit etwas Mehl bestäuben und mit einem scharfen Messer ein paar 1 cm tiefe Schnitte hineinschneiden.

Beide Bleche mittig und unten in den Ofen schieben und schnell das Wasser der Tasse in die Auflaufform gießen.

Den Ofen direkt schließen und die Brote für 10 Minuten backen.

Danach die Temperatur auf 200 °C verringern und die Brote für weitere 25 Minuten backen, bis sie eine schöne Bräune erreicht haben, dabei die Bleche nach der Hälfte der Zeit einmal tauschen.

Die Brote auf einem Gitter abkühlen lassen und genießen!

Maria

Einladung
zum Herbstdinner

Tablesetting-Idee

Jedes Jahr lade ich meine Freundinnen zu einem gemütlichen Dinner bei mir zu Hause ein. Wir genießen die gemeinsame Zeit, reden über alles, was uns bewegt, und sitzen oft bis spät in den Abend hinein am Tisch. Die Küche war für mich schon immer ein Ort der Zusammenkunft, und darum ist sie auch mein liebster Raum in der ganzen Wohnung. Hier trifft man sich, hier wird gekocht und hier läuft der erste Kaffee am Morgen in die Tasse.

Vor ungefähr drei Jahren habe ich diesen alten Tisch über das Internet gefunden. Ich liebe diesen Tisch seither und dekoriere ihn daher sehr gern. Es ist also kein Wunder, dass ich ihn auch zu unserem Dinner etwas hervorheben wollte. Für mein Table Setting habe ich mit einer neutralen Tischdecke angefangen, denn darauf lässt sich die weitere Deko sehr gut aufbauen.

Doch bevor die Deko auf den nachfolgenden Seiten gearbeitet wird, müssen Geschirr, Besteck und Gläser einen Platz finden. Als Blickfang habe ich dann mittig ein großes Windlicht gestellt und drumherum kleine und große Kürbisse platziert. Die Lücken lassen sich wunderbar mit kleinen Ähren, Blättern oder Eicheln füllen.

Kerzen stehen bei mir immer in einem Glas oder auf einem anderen feuerfesten Untergrund. In diesem Fall sind es kleine Metallpfännchen, die perfekt auf die Größe der Kerzen abgestimmt sind. Auch kleine gläserne Teller machen sich als Unterlage gut.

Blätter-Lichterkette

Neben Kerzen finde ich zarte Lichterketten immer sehr stimmungsvoll, daher habe ich aus Goldfolie und einer einfachen Drahtlichterkette meine eigene Deko kreiert.

BENÖTIGTES MATERIAL

1 batteriebetriebene Drahtlichterkette
Goldfolie
Heißkleber
Schere

SO WIRD'S GEMACHT

Aus der Goldfolie kleine Blätter in verschiedenen Größen ausschneiden.

Eines der beiden Blattenden jeweils ein wenig umknicken und darauf einen kleinen Klecks Heißkleber geben.

Anschließend das umgeklappte Ende direkt an die Lichterkette drücken und fest werden lassen.

Centerpiece-Windlicht

Ein Centerpiece gehört für mich auf jeden Tisch. Es fällt jedem Gast direkt ins Auge und ist daher auch meist die größte Deko auf dem Tisch. Für dieses DIY-Projekt habe ich ein altes Windlicht verwendet und dieses mit Dingen verziert, die ich gerade zu Hause hatte: Eicheln, ein Juteband und Ahornblätter. Lasse deiner Kreativität bei deinem Centerpiece gern freien Lauf!

BENÖTIGTES MATERIAL

1 Windlicht aus Glas (alternativ Glasvase)
Deko-Materialien nach Wahl, z. B. Juteband, Eicheln, Ahornblätter
Heißkleber
1 Stumpenkerze

SO WIRD'S GEMACHT

Am unteren Rand des Windlichts reihum Ahornblätter in zwei Reihen versetzt mit Heißkleber anbringen.

Am oberen Rand ein Juteband einmal um die Vase spannen und die Enden ebenfalls mit Heißkleber fixieren.

Auf das Band Eicheln in unregelmäßigen Abständen kleben und zum Schluss eine Kerze in das Windlicht stellen.

Platzkarten

Platzkarten sind immer ein schöner Blickfang auf dem Teller und heißen jeden Gast direkt willkommen. Die Platzkarten kannst du aus getrockneten Blättern herstellen oder du verwendest künstliche, falls du keine Blätter zur Hand hast.

BENÖTIGTES MATERIAL

Getrocknete Blätter
Goldspray
Permanentmarker in Schwarz

SO WIRD'S GEMACHT

Die Blätter von beiden Seiten mit Goldspray besprühen und gut trocknen lassen.

Anschließend mit einem Permanentmarker die Namen der Gäste darauf schreiben.

Das Blatt mit einer Serviette und dem Besteck auf den Tellern platzieren.

Maria

Birnen-Thymian-Aperitif

Dieser Drink wird dir hoffentlich genauso gut schmecken wie meinen Freundinnen bei unserem Dinner. Er ist schön frisch und nicht zu süß und kann mit und natürlich auch ohne Alkohol zubereitet werden. Zusammen mit einer Zimtstange, einem Thymianzweig und einem kleinen Birnen-Ahornblatt sieht dieses Getränk viel spektakulärer aus, als die Zubereitung eigentlich ist!

ZUTATEN

(für 4 Gläser)

FÜR DEN DRINK

15 cl Gin
600 ml Tonic Water
200 ml Birnensaft

FÜR DIE DEKORATION

4 Eiswürfel
4 Thymianzweige
4 Zimtstangen
1 Birne
Ausstechform 'Birne'
Evtl. essbarer Goldstaub

ZUBEREITUNG

Den gekühlten Gin, das kalte Tonic Water und den kalten Birnensaft mixen.

Passende Gläser bereitstellen und mit je einem Eiswürfel, einer Zimtstange und einem Thymianzweig füllen.

Die Birne in Scheiben schneiden und mit einer Ausstechform kleine Blätter ausstechen.

Die Blätter ebenfalls in die Gläser legen und dann mit dem Getränk auffüllen.

Zum Schluss nach Belieben mit Goldstaub dekorieren und kühl genießen.

Crostini mit heißem Honig

Fingerfood kommt auf jeder Party gut an! Manchmal ist es genau das Richtige, um den Appetit auf den Hauptgang anzuregen oder auch mal die Wartezeit bis dahin etwas zu überbrücken. Für diese Crostini habe ich eine süße und zugleich herzhafte Herbstvariante gemacht. Die Süße kommt durch den Honig, der mit etwas Chili für ordentlich Wärme sorgt. Die Frischkäsecreme und die Pilze verleihen dem Crostini einen vollmundigen Geschmack. Alles zusammen bildet eine Geschmacksexplosion!

ZUTATEN

(für ca. 12 Stück)

FÜR DIE BROT-UNTERLAGE

1 Baguette nach Wahl
1 EL Olivenöl

FÜR DIE FRISCHKÄSECREME

400 g Doppelrahmfrischkäse
50 ml Milch

FÜR DAS HONIG-TOPPING

5 EL Honig
¼ TL Chiliflocken

FÜR DIE DEKORATION

Ca. 20 kleine Pilze nach Wahl
1 TL Pflanzenöl
Frische Thymianzweige
Salz

AUSSERDEM

Backblech und Backpapier
Evtl. Spritztülle

ZUBEREITUNG

Das Baguette in mehrere Scheiben schneiden und mit Olivenöl bestreichen.

Für ca. 12 Minuten bei 180 °C Umluft im Backofen backen, bis die Scheiben schön goldbraun und knusprig sind.

In der Zwischenzeit die Frischkäsecreme vorbereiten. Hierfür Frischkäse mit der Milch zu einer glatten Creme verrühren. Die Creme in eine Spritztülle füllen.

Für den feurigen Honig diesen mit den Chiliflocken verrühren.

Die Pilze waschen und in einer Pfanne mit etwas Öl anbraten.

Auf die fertig gebackenen Baguettescheiben die Frischkäsecreme geben. Das geht entweder mit einem Löffel oder mithilfe einer Spritztülle sehr gut. Auf der Creme etwas von dem Honig-Topping verteilen.

Für die Dekoration einige Pilze sowie einen kleinen Thymianzweig auflegen. Alles mit etwas Salz abrunden und servieren.

TIPP

Das Rezept lässt sich auch wunderbar vegan abwandeln. Dazu einfach für den Frischkäse sowie die Milch jeweils eine vegan Alternative nutzen.

Danksagung

Ein Buch zu schreiben, war immer mal wieder ein kurzer Gedanke in meinem Kopf. Doch wurde dieser immer wieder von mir verworfen. Zu wenig Zeit, um so etwas in die Tat umzusetzen, und noch viel mehr: zu wenig Vertrauen in die eigenen Fähigkeiten!

Als ich die Anfrage erhielt, ob ich nicht Lust hätte, mein eigenes Herbstbuch zu schreiben, drehte sich mir der Magen vor lauter Aufregung und Zweifel um. Wie soll ich das denn schaffen? Wer würde sich schon ein Buch von mir kaufen? Ich weiß noch, wie ich mein Mail-Postfach öffnete, als ich gerade im Auto neben meinem Freund Yves saß und ihn mit großen Augen ansah und ihm alles vorlas. Und ich weiß auch noch, wie ich es meinen Freundinnen und meiner Familie erzählte und um Rat bat.

Und alle sagten dasselbe zu mir: „Warum versuchst du es nicht einfach?"

Dieses Buch zu schreiben war für mich mehr als nur ein Herzensprojekt. Es war die Verwirklichung meiner Herbstliebe und eine Form, um mich auszudrücken. Und auf diesem Weg hatte ich so großartige und seelische Unterstützung durch meine liebsten Menschen.

Ohne Familie, Freunde und nicht zuletzt meinen Freund wäre dieses Buch wohl nie entstanden. Und dafür möchte ich mich bedanken. Dafür, dass ihr immer an mich geglaubt habt und es noch weiterhin tut. Und auch dafür, dass ihr meine ehrlichsten Kritiker und zugleich größten Fans seid und sogar mit mir gemeinsam Rezepte ausprobiert und fleißig gebastelt habt. Ohne so einen starken Rückenwind wäre ich wohl nicht dort, wo ich heute stehe.

Mein größter Dank geht raus an meinen Herzensmann Yves. Du glaubst immer an mich und hast nie an mir gezweifelt. Du unterstützt mich bei all meinen Ideen und bist dir nie zu schade, meine helfende Hand zu sein. Du gibst mir den Freiraum, um meine Projekte in die Tat umzusetzen, und verdrehst nie die Augen, wenn eines davon mal etwas aufwendiger wird. Du bist einfach da, wenn ich dich brauche, ohne etwas dafür zu verlangen. Dafür liebe ich dich.

Impressum

Autorin: Vanessa Kibbieß
Fotos: Vanessa Kibbieß, Ausnahmen siehe Bildnachweis
Verantwortlich: Helgrid van Impelen
Produktmanagement und Lektorat: ZweiKonzept GbR
Umschlaggestaltung: Kaj Ritter
Layout und Satz: Elke Mader
Repro: LUDWIG:media
Herstellung: Anna Katavic, Bettina Schippel
Printed in Türkiye by Elma Basim

Bildnachweis Illustrationen: shutterstock/lichu

Unser komplettes Programm finden Sie unter

www.christophorus-verlag.de

★★★★★

Sind Sie mit diesem Titel zufrieden? Dann würden wir uns über Ihre Weiterempfehlung freuen. Erzählen Sie es im Freundeskreis, berichten Sie Ihrem Buchhändler oder bewerten Sie bei Onlinekauf. Und wenn Sie Kritik, Korrekturen, Aktualisierungen haben, freuen wir uns über Ihre Nachricht an:
Christophorus Verlag,
Postfach 40 02 09, D-80702 München oder
per E-Mail an lektorat@verlagshaus.de

Die Deutsche Nationalbibliothek verzeichnet diese Publikation in der Deutschen Nationalbibliografie; detaillierte bibliografische Daten sind im Internet über www.dnb.de abrufbar.

2. Auflage 2025

ISBN 978-3-8388-3938-7

Kreativ-Service

Sie haben Fragen zu unseren Büchern und Materialien? Wir beraten Sie gern rund um alle Kreativthemen. Rufen Sie uns einfach an. Wir interessieren uns auch für Ihre eigenen Ideen und Anregungen. Sie erreichen uns per E-Mail kreativ-service@c-verlag.de oder unter der Telefonnummer +49–89–1306 99 577.

Besuchen Sie uns im Internet: www.christophorus-verlag.de & www.selbstgemacht.de